I know this to be true

NELSON MANDELA
FOUNDATION
Living the legacy

Ebenfalls in dieser Reihe erschienen:

Ruth Bader Ginsburg: Über Entschlossenheit, Gleichheit und Leidenschaft
Gloria Steinem: Über Mitgefühl, Integrität und Aufrichtigkeit
Jacinda Ardern: Über Freundlichkeit, Empathie und Stärke

Greta Thunberg

I know this to be true

Über Wahrheit,
Mut und die Rettung
unseres Planeten

Interview und Fotografien
Geoff Blackwell

ELISABETH
SANDMANN
VERLAG

in Zusammenarbeit mit

Blackwell&Ruth.

Dem Gedenken und Vermächtnis
Nelson Mandelas gewidmet

»Die Leute sagen uns immer, dass sie voller Hoffnung sind, dass die jungen Menschen eines Tages die Erde retten werden. Aber das werden wir nicht, es bleibt einfach nicht genug Zeit, um abzuwarten, bis wir erwachsen sind und das Sagen haben.«

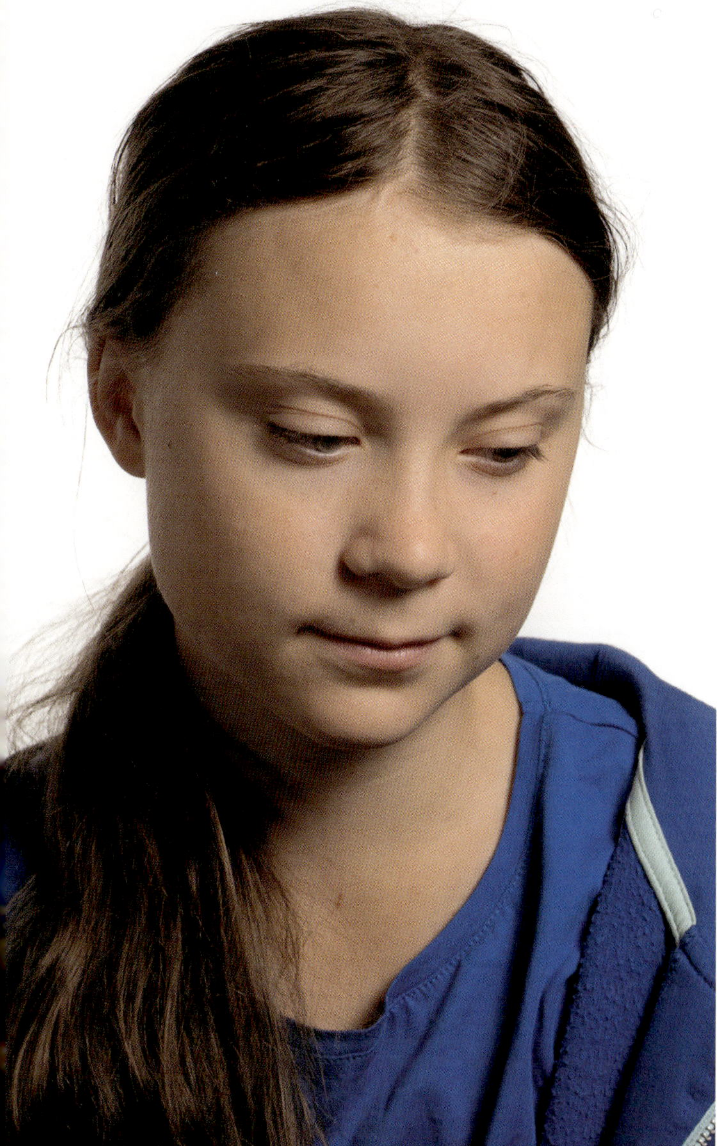

Einleitung

Im August 2018 fuhr Greta Thunberg mit dem Fahrrad zum schwedischen Reichstag in Stockholm und setzte sich mit einem handgeschriebenen Schild, auf dem *Skolstrejk för klimatet* stand, vor dem Gebäude auf die Pflastersteine. Ihr zu Füßen lagen Pamphlete, in denen sie erklärte: »Ich tue das, weil ihr Erwachsenen auf meine Zukunft scheißt.«[1] Sie war fünfzehn. Und fest entschlossen. Der schwedische Sommer war der heißeste seit Beginn der Wetteraufzeichnungen vor über 260 Jahren.[2] Die Erderwärmung schritt mit alarmierendem Tempo voran. Die Erde litt stärker als je zuvor unter den drastischen Auswirkungen des Klimawandels. Die Menschheit war mit einem Problem konfrontiert, bei dem es um ihr eigenes Überleben ging, und doch schien niemand etwas dagegen zu unternehmen. Daran musste sich etwas ändern – und zwar schnell. Greta Thunberg wollte die schwedische Regierung dazu bringen, durch entsprechende Maßnahmen den CO2-Ausstoß gemäß den Vereinbarungen im Pariser Klimaabkommen[3] zu verringern.

Alles hatte damit begonnen, dass Greta Thunberg einige Wochen zuvor an einem Schreibwettbewerb der schwedischen Tageszeitung *Svenska Dagbladet* zum Thema Klimaschutz teilgenommen hatte. Als ihr Beitrag »Viv et – och vi kann göra något nu« (»Wir wissen es – und wir können jetzt etwas tun«) ausgezeichnet und veröffentlicht wurde[4], rückte sie erstmals ins Blickfeld der Medien. Eine Bekannte erzählte ihr dann von den Schüler:innen der Marjory Stoneman Douglas High School in Florida, die nach einem Amoklauf an ihrer Schule zum Schulstreik aufgerufen hatten, um so schärfere Waffengesetze in den USA zu fordern. Thunberg war inspiriert. Als Schülerin sah sie in einem Schulboykott eine gute Möglichkeit, mehr Aufmerksamkeit für den Klimaschutz zu erlangen.

Am ersten Tag saß sie allein mit ihrem Schild, ihren Pamphleten und ihrem Pausenbrot vor dem Parlament. Sie blieb den ganzen Schultag, von 8.30 Uhr bis 15 Uhr, und postete ihre Aktion in den sozialen Medien. Lokale Journalist:innen schrieben über ihren ersten Streik, und als sie am nächsten Tag zurückkehrte, schlossen sich ihr weitere Streikende an. Menschen auf dem Weg zur Arbeit, Politiker:innen und Tourist:innen sahen ihren Protest, und so wurde er schnell bekannt.

Überregionale und internationale Medien berichten. Als *The Guardian* einen Artikel mit dem Titel »Die schwedische Fünfzehnjährige, die den Unterricht schwänzt, um gegen die Klimakrise zu kämpfen« nur elf Tage nach ihrem ersten Streik veröffentlichte[5], gab es kein Halten mehr. Sie wurde eingeladen, beim People's Climate March[6] vor Tausenden Menschen zu sprechen. Videos ihrer Ansprache wurden in den sozialen Medien geteilt. Bald hatte sie Zehntausende, dann Hunderttausende Follower. Bis zu den Parlamentswahlen hielt sie drei Wochen lang Tag für Tag die Stellung, ob bei Regen oder Sonnenschein – und das trotz der anfänglichen Einwände ihrer Eltern. (Mittlerweile unterstützen beide ihre Tochter nach Kräften, ernähren sich weitgehend vegetarisch und haben die Zahl ihrer Flugreisen reduziert.) Als die Wahlen nicht den erhofften Umdenkprozess einleiteten, beschloss Greta Thunberg, von da an jeden Freitag zu streiken: »Ich werde meinen Schulstreik fortsetzen«, teilte sie in den sozialen Medien mit. »Von jetzt an werde ich jeden Freitag vor dem schwedischen Parlament sitzen, bis Schweden das Pariser Klimaabkommen erfüllt. Ich fordere euch alle auf, das auch zu tun … Uns bleibt viel weniger Zeit, als wir denken. Ein Versagen wäre eine Katastrophe.«[7]

Greta Thunberg hatte mit acht Jahren zum ersten Mal vom Klimawandel gehört. Sie war entsetzt, dass niemand – vor allem nicht die

Erwachsenen – ihn ernst zu nehmen schien. Nachdem sie das erschreckende Ausmaß erkannt hatte, ihr klar wurde, wie schlimm es um die Zukunft des Planeten stand, bekam sie Depressionen. Sie ging nicht mehr zur Schule, hörte auf zu essen und zu sprechen. Später wurden bei ihr das Asperger-Syndrom, eine Zwangsstörung und selektiver Mutismus diagnostiziert. Das heißt, sie sprach nur, wenn es nötig war – bei der Klimakrise war es in Thunbergs Augen überaus nötig.

Im Jahr 2018 kamen die Autor:innen eines Berichts des Weltklimarats (Intergovernmental Panel on Climate Change, IPCC)[8] zu dem Schluss, dass die Temperaturen weltweit schneller als erwartet ansteigen und die angestrebte Begrenzung der globalen Erwärmung auf 1,5 Grad gefährdet ist. Das hätte extreme Folgen für den Planeten: steigende Wasserstände, häufigeres Auftreten von Naturkatastrophen und massenhaftes Artensterben – um nur einige zu nennen.[9] Von da an betrachtete Greta Thunberg es als ihre persönliche Aufgabe, auf die immer bedrohlicheren Auswirkungen des Klimawandels aufmerksam zu machen.

Bereits wenige Monate nach ihrem ersten Sitzstreik vor dem schwedischen Reichstag waren Greta Thunbergs Name und Gesicht auf der ganzen Welt bekannt. In ihren Ansprachen bei bedeutenden internationalen Treffen – darunter das Weltwirtschaftsforum[10] 2019 in Davos, der UN-Klimagipfel 2019 in New York und die UN-Klimakonferenz[11] in Madrid – forderte sie dazu auf, die umfangreichen Erkenntnisse der Klimawissenschaft zur Kenntnis zu nehmen und gemeinsam gegen den Klimawandel zu kämpfen. Kompromisslos und geradeheraus verlangte sie von den politischen Entscheidungsträger:innen, ihre Position zu nutzen, um Veränderungen herbeizuführen. Und Greta Thunberg beschränkte sich nicht auf Appelle an die Mächtigen, sondern zeigte mit ihrem eigenen Beispiel, dass wir alle in der Verantwortung stehen.

Mit ihrem beharrlichen Einsatz hatte sie bereits deutliche Zeichen gesetzt. Ihre Schulstreiks mobilisierten Schüler:innen in über 160 Ländern, eigene Proteste zu organisieren, und mündeten in einen globalen Klimastreik für die Zukunft, an dem sich weltweit über sieben Millionen Jugendliche beteiligten.[12]

2019 trat sie eine zweiwöchige Atlantiküberquerung an Bord einer 60 Fuß langen emissionsfreien Segeljacht an, um am UN-Klimagipfel in

New York teilzunehmen. Bei ihrer Ankunft wurde sie von zahlreichen Sympathisant:innen begrüßt und zog, kaum dass sie den Fuß wieder auf festen Boden gesetzt hatte, mit Hunderten Jugendlichen zu einer Protestkundgebung vor das UN-Hauptquartier. Mit ihrem *Skolstrejk för klimatet*-Schild saß sie mitten in der Menge, umgeben von amerikanischen Unterstützer:innen, die alle eine gemeinsame Forderung verband: endlich etwas gegen die Klimakrise zu unternehmen.

Dieser Moment kündet von Thunbergs großem Einfluss. Mit ihrer widerständigen Haltung legte sie die Saat für eine internationale Jugendbewegung gegen den Klimawandel, die vermutlich zu den bislang wichtigsten Bewegungen gehört, und zeigte, dass auch ein einzelner Mensch wirklich etwas bewirken kann.

Greta Thunbergs Reise als Klimaschützerin ist noch lange nicht zu Ende. Veränderungen sind in Gang gekommen, vollziehen sich jedoch nur sehr langsam. Aufmerksamkeit zu wecken und ein Bewusstsein für den Zustand unseres Planeten zu schaffen, sind im digitalen Zeitalter vielleicht einfacher geworden, die Glaubwürdigkeit hingegen wird allenthalben zum Problem. Viele zweifeln die Fakten wissenschaftlicher Forschung an, und auch

Greta Thunberg wird von Klimaskeptiker:innen und Kritiker:innen persönlich angegriffen. Doch das schreckt sie nicht ab, stärkt vielmehr ihre Entschlossenheit. »Ich habe mir versprochen, dass ich alles tun werde, solange ich das kann«, sagt sie.[13]

»Was wir jetzt tun oder nicht tun, können meine Generation und ich in der Zukunft nicht rückgängig machen.«

Prolog

Mein Name ist Greta Thunberg, ich bin sechzehn Jahre alt und komme aus Schweden.

Ich habe einen Traum: dass Regierungen, politische Parteien und Unternehmen die Dringlichkeit der Klimakrise und der ökologischen Krise begreifen und trotz aller Differenzen zusammenarbeiten – wie man das in einem Notfall eben macht – und die notwendigen Maßnahmen ergreifen, um sicherzustellen, dass alle auf dieser Erde ein Leben in Würde führen können.

Denn dann könnten wir, die Millionen von Jugendlichen, die sich an den Schulstreiks beteiligen, wieder in die Schule gehen.

Ich habe einen Traum: dass die Menschen an der Macht, ebenso wie die Medien, anfangen, diese Krise endlich als einen existenzbedrohenden Notfall zu behandeln, denn das ist sie tatsächlich. Dann könnte ich wieder nach Hause zu meiner Schwester und meinen Hunden gehen. Weil ich sie vermisse.

Tatsächlich habe ich viele Träume. Aber jetzt ist nicht die richtige Zeit und auch nicht der richtige Ort für Träume. Es ist Zeit aufzuwachen. Das ist der Moment in der Geschichte, in dem wir hellwach sein müssen.

Und ja, wir brauchen Träume, wir können nicht leben ohne Träume. Aber für alles gibt es eine richtige Zeit und einen richtigen Ort. Und Träume dürfen nicht im Weg stehen, wenn man sagen will, wie es wirklich ist.

Und doch werden mir, egal wohin ich gehe, Märchen erzählt. Unternehmensführer:innen und Abgeordnete von allen Seiten des politischen Spektrums verschwenden ihre Zeit damit, Dinge zu erfinden und Gutenachtgeschichten zu erzählen, die uns beruhigen sollen, die uns wieder in den Schlaf wiegen sollen.

Das sind diese »Feel-Good«-Storys, die uns weismachen wollen, dass wir alles in den Griff kriegen. Wie wundervoll alles sein wird, wenn wir alle Probleme »gelöst« haben. Aber das Problem, vor dem wir stehen, lautet nicht, dass uns die Fähigkeit zu träumen oder die Vorstellung von einer besseren Welt fehlen. Das Problem ist, dass wir aufwachen müssen. Es ist Zeit, sich der Realität zu stellen, den Fakten, der Wissenschaft.

Und die Wissenschaft spricht nicht von »großartigen Möglichkeiten, die Gesellschaft zu erschaffen, die wir immer haben wollten«. Nein, sie spricht von unermesslichem menschlichen Leid, das immer schlimmer wird, je länger wir untätig bleiben – es sei denn, wir werden jetzt endlich aktiv. Und ja, natürlich wird eine nachhaltige Welt nach der Transformation viele neue Vorteile bieten. Aber Sie müssen das verstehen. Hier geht es nicht in erster Linie darum, neue grüne Jobs zu schaffen, neue Unternehmen oder ein grünes Wirtschaftswachstum. Hier geht es vor allem um eine Notlage, und zwar nicht um irgendeine Notlage. Es geht um die größte Krise, vor der die Menschheit je stand.

Und entsprechend müssen wir damit umgehen, damit die Menschen die Dringlichkeit verstehen und begreifen. Denn man kann eine Krise nur bewältigen, wenn man sie auch als Krise behandelt. Hören Sie auf, den Leuten zu erzählen, alles wäre wunderbar, wenn es, so wie es derzeit aussieht, alles andere als wunderbar sein wird. Das ist nicht etwas, das man einpacken und verkaufen oder in den sozialen Medien ›liken‹ kann.

Hören Sie auf so zu tun, als ob Sie, Ihre Geschäftsidee, Ihre politische Partei oder Ihr Plan für alles eine Lösung hätten. Wir müssen erkennen, dass wir noch nicht alle Lösungen haben. Bei weitem nicht. Es sei denn, diese Lösungen laufen darauf hinaus, dass wir einfach aufhören, bestimmte Dinge zu tun.

Einen katastrophalen Energieträger gegen einen etwas weniger katastrophalen Energieträger auszutauschen, ist kein Fortschritt. Unsere

»Wir müssen kooperieren und zusammenarbeiten und die Ressourcen auf dem Planeten auf neue Art verteilen. Wir müssen anfangen, mit den Grenzen zu leben, die uns die Erde auferlegt, uns auf Gerechtigkeit konzentrieren und uns um ein paar Schritte zurücknehmen zum Wohl aller lebenden Spezies. Wir müssen die Biosphäre schützen, die Luft, die Meere, den Boden, die Wälder.«

Emissionen ins Ausland zu exportieren, bedeutet keine Reduzierung der Emissionen. Kreative Buchhaltung wird uns nicht helfen. Tatsächlich ist sie der Kern des Problems.

Einige von Ihnen haben vielleicht schon gehört, dass wir ab dem 1. Januar 2018 noch zwölf Jahre Zeit haben, unsere CO2-Emissionen um die Hälfte zu reduzieren. Aber ich glaube, kaum jemand von Ihnen weiß, dass die Chance, unter dem 1,5-Grad-Ziel einer globalen Erwärmung im Vergleich zum vorindustriellen Niveau zu bleiben, bei 50 Prozent liegt. Eine Chance von 50 Prozent.[14]

Diese aktuellen, verfügbaren wissenschaftlichen Berechnungen berücksichtigen weder nichtlineare Kipppunkte noch unvorhergesehene Feedbackschleifen wie etwa die enorme Wirkung des Methangases, das durch den rapide auftauenden Permafrostboden freigesetzt wird. Und auch nicht den Beitrag vieler anderer Luftschadstoffe zum Klimawandel. Oder den Aspekt der Gerechtigkeit; der Klimagerechtigkeit.

Eine Chance von 50 Prozent – die Wahrscheinlichkeit bei einem Münzwurf – wird bestimmt nicht ausreichen. Das kann man moralisch unmöglich rechtfertigen. Würden Sie in ein Flugzeug steigen, von dem Sie wüssten, dass die Wahrscheinlichkeit eines Absturzes bei 50 Prozent liegt? Oder noch direkter: Würden Sie Ihre Kinder in dieses Flugzeug steigen lassen?

Und warum ist es so wichtig, unter einer Grenze von 1,5 Grad zu bleiben? Weil die vereinte Wissenschaft das fordert, um eine Destabilisierung des Klimas zu verhindern, damit wir keine unumkehrbare Reaktionskette in Gang setzen, die wir als Menschen nicht mehr kontrollieren können. Und selbst bei einer Erwärmung um 1 Grad werden wir einen inakzeptablen Verlust an Leben und Lebensgrundlagen haben.

Wo sollen wir also anfangen? Tja, ich schlage vor, dass wir uns zunächst einmal Kapitel 2 auf Seite 108 des IPCC-Berichts anschauen, der letztes Jahr herauskam. Dort steht nämlich, dass wir eine Chance von 67 Prozent haben, die globale Erwärmung auf unter 1,5 Grad zu begrenzen. Uns blieben am 1. Januar 2018 noch etwa 420 Gigatonnen CO2 von unserem CO2-Budget, die wir emittieren können.[15] Natürlich ist diese Zahl heute deutlich niedriger, weil wir etwa 42 Gigatonnen CO2 pro Jahr ausstoßen, wenn man die Landnutzung miteinberechnet.[16]

Bei der heutigen Menge an Emissionen ist das verbleibende Budget in weniger als achteinhalb

Jahren aufgebraucht. Diese Zahlen spiegeln nicht einfach eine von mir gefasste Meinung. Sie spiegeln auch nicht die Meinung oder politische Ansicht anderer Menschen. Sie geben den aktuell verfügbaren Stand der Forschung wieder. Viele Wissenschaftler:innen halten selbst diese Zahlen für zu moderat, doch es sind die Zahlen, die derzeit von allen Nationen durch den Weltklimarat akzeptiert werden.

Und bitte bedenken Sie, dass sich diese Zahlen auf die ganze Welt beziehen und daher nichts über den Aspekt der Gerechtigkeit aussagen, der im Pariser Klimaabkommen eindeutig formuliert wird. Gerechtigkeit ist absolut notwendig, nur dann können wir weltweit etwas bewirken. Das bedeutet, dass reichere Länder ihren gerechten Anteil leisten und ihre Emissionen viel schneller auf null herunterschrauben müssen, damit die Menschen in den ärmeren Ländern ihren Lebensstandard steigern und einen Teil der Infrastruktur aufbauen können, über die wir bereits verfügen, so etwa Straßen, Krankenhäuser, Schulen, sauberes Trinkwasser und Strom.

420 Gigatonnen CO2, die wir ab dem 1. Januar 2018 noch ausstoßen durften, um eine 67-prozentige Chance zu haben, den globalen

Temperaturanstieg unter 1,5 Grad zu halten.[17] Inzwischen sind es weniger als 360 Gigatonnen.

Diese Zahlen sind sehr unangenehm. Doch die Menschen haben ein Recht, sie zu erfahren. Und die große Mehrheit von uns weiß nicht einmal, dass es diese Zahlen gibt. Tatsächlich wissen anscheinend nicht einmal die Journalist:innen, mit denen ich gesprochen habe, dass es sie gibt. Ganz zu schweigen von den Politiker:innen. Und doch scheinen alle so überzeugt, dass sie mit ihrem Plan die Krise bewältigen können.

Aber wie können wir ein Problem lösen, das wir gar nicht richtig verstehen? Wie können wir die Gesamtsituation und den aktuellen Stand der Wissenschaft ignorieren?

Ich glaube, dass dieses Verhalten extrem gefährlich ist. Und unabhängig davon, ob die Krise einen politischen Hintergrund hat, dürfen wir nicht zulassen, dass dies weiterhin eine parteipolitische Frage ist. Die Klima- und Umweltkrise geht weit über Parteipolitik hinaus. Unser Hauptfeind ist derzeit nicht der politische Gegner. Unser Hauptfeind ist die Physik. Und mit der Physik kann man keine ›Deals‹ aushandeln.

Alle sagen, es sei unmöglich, für das Überleben der Biosphäre – mit dem wir die Lebensbedingungen für zukünftige und jetzige Generationen sichern würden – Opfer zu bringen.

Vielleicht ist es unmöglich. Aber wenn man sich diese Zahlen ansieht – wenn man sich den Stand der Wissenschaft ansieht, unterzeichnet von jeder Nation – dann denke ich, dass wir uns genau dem stellen müssen.

Sie dürfen Ihre Zeit nicht mit Träumen vergeuden oder damit, einen politischen Kampf zu sehen, den es zu gewinnen gilt.

Sie dürfen die Zukunft Ihrer Kinder nicht bei einem Münzwurf [mit einer 50:50–Chance] aufs Spiel setzen.

Stattdessen müssen Sie sich geschlossen hinter die Wissenschaft stellen.

Sie müssen handeln.

Sie müssen das Unmögliche tun.

Weil Aufgeben niemals eine Option sein kann.

Aus Greta Thunbergs Rede vor dem US-Kongress, September 2019

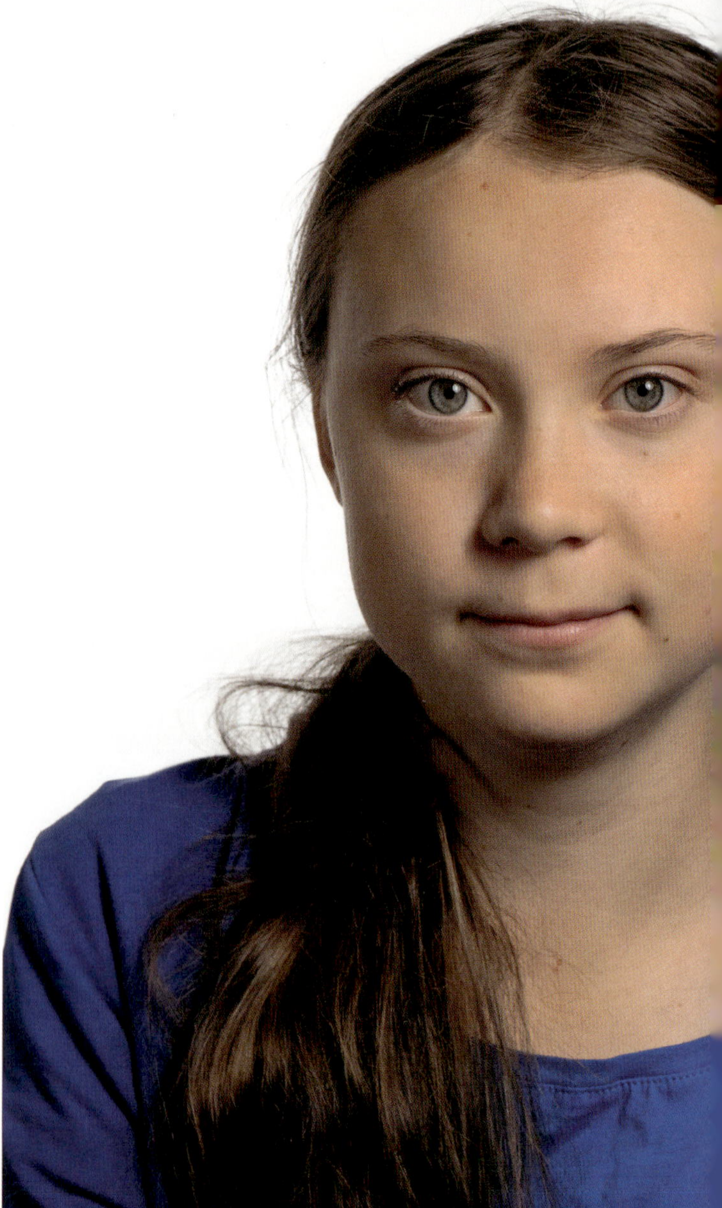

»Schon am zweiten Tag meines Streiks hat sich mir jemand angeschlossen. Und dann noch jemand. Das war ein wunderbares Gefühl. Ich denke, jede:r sollte die Möglichkeit haben, das einmal zu spüren. Dass man tatsächlich in der Lage ist, etwas zu bewirken.«

Das Interview

Wer bist du?

Ich heiße Greta Thunberg. Ich bin sechzehn Jahre alt und komme aus Schweden. Ich lebe in Stockholm und bin Klima- und Umweltschützerin.

Ich denke, meine Sorge um die Umwelt und das Klima begann in der Schule, als ich acht oder neun Jahre alt war. Ich sah und hörte diese furchtbaren Berichte darüber, was der Mensch der Umwelt angetan hat, und was wir dem Klima antun, und dass sich das Klima verändert. Ich sah diese furchtbaren Bilder und dachte, das ist entsetzlich. Warum tun wir nicht alles, um das zu verhindern? Und ich konnte nicht verstehen, dass wir einfach so weitermachen als ob nichts wäre.

Also fing ich an, darüber zu lesen und mich zu informieren. Ich redete mit Leuten und verstand schließlich, wie ernst diese Krise ist. Dann versuchte ich, meine Eltern davon zu überzeugen, dass das gerade tatsächlich passiert. Sie hätten am liebsten die Augen davor verschlossen, so nach dem Motto: »Nein, das ist in Ordnung. Irgendjemand wird schon eine Lösung finden.« Und so weiter. Und ich bekam Depressionen. Ich sah, dass das alles einfach falsch war, sich aber niemand daran störte. Aus der Depression raus kam ich, weil ich mir sagte: »Ich kann so viel tun, ein Mensch kann so viel erreichen. Also sollte ich versuchen, alles zu tun, was ich kann, um die Dinge zu ändern, anstatt einfach nur herumzusitzen und nichts zu tun.«

Ich gab mir selbst das Versprechen, alles zu tun, was mir möglich war, um das aufzuhalten. Das habe ich dann versucht. Und so begann ich mit meinen Schulstreiks fürs Klima. Ich war so verzweifelt, dass nichts passierte und hatte einfach das Gefühl, dass jemand endlich etwas tun muss, und dass ich dieser Jemand sein konnte. Ich sagte mir: »Ich werde das versuchen, obwohl es vielleicht nicht funktioniert.« Und so setzte ich mich hin. Und dann wurde daraus einfach eine sehr große Sache.

Woher kam diese Aufmerksamkeit? Wie hast du es geschafft, für Aufmerksamkeit zu sorgen?

Ich weiß es nicht. Als ich mit dem Schulstreik anfing, postete ich das gleich in den sozialen Medien. Das verbreitete sich schnell, und so kamen Journalist:innen zu mir und interviewten mich, während ich [vor dem Parlament] saß. Und dann kamen noch mehr Journalist:innen, und in Schweden wurde daraus eine große Sache. Es ging viral. Und dann fingen ein paar Leute an, sich mir anzuschließen. Schon am zweiten Tag meines Streiks hat sich mir jemand angeschlossen. Und dann noch jemand. Das war ein wunderbares Gefühl. Ich denke, jede:r sollte die Möglichkeit haben, das einmal zu spüren. Dass man tatsächlich in der Lage ist, etwas zu bewirken. Der Schritt von einem zu zwei Beteiligten ist immer der schwerste, und wenn man den erst einmal geschafft hat, ist man nicht mehr weit von einer Bewegung entfernt.

Und dann griff der Streik auch auf andere schwedische Städte über, auf andere Länder – andere Kinder begannen ebenfalls mit den Schulstreiks – und schließlich auf andere Kontinente. Ich glaube, ein ganz entscheidender Wendepunkt war, als die Kinder und Jugendlichen in Australien im November 2018 mit den Schulstreiks begannen und Zehntausende auf den Straßen demonstrierten. Und dann ging es in anderen Ländern weiter, die Bewegung wurde weltweit sehr groß. Und dann weiß ich auch nicht, was passierte.

»Wir kennen die Fakten der Klimakrise und auch die Lösungen. Es ist Zeit aufzuwachen und sich der Realität zu stellen.«

Was ist dir wirklich wichtig?

Ich denke, alles ist wichtig. Und das liegt daran, dass alles, was wir tun, von Bedeutung ist, und deshalb müssen wir wirklich bei jedem Aspekt unseres Alltags etwas ändern. Nicht nur, wenn es um die Umwelt geht, sondern auch, wie wir mit anderen Menschen umgehen und wie wir das Leben sehen. Das Schwerwiegende der Klimakrise ist die Tatsache, dass es, wenn wir erst einmal einen bestimmten Punkt überschritten haben, zu spät sein könnte. Denn dann beschleunigt sich die Erwärmung der Erde – es gibt bestimmte Kipppunkte. Ich selbst möchte mich immer an feste Abläufe und Pläne halten und wissen, was passieren wird. Und ich denke, das ist einer der besonders furchteinflößenden Aspekte der Klimakrise: dass wir nicht wissen, wie die Zukunft aussieht. Alles könnte passieren, im Guten wie im Schlechten.

Wenn du echte und schnelle Veränderungen bewirken könntest, wie würden die aussehen?

Zunächst einmal würde ich den Menschen gerne bewusst machen, was los ist, ihnen die Situation klar machen. Ich denke, wenn die Leute erst einmal umfassend über die Krise informiert sind, werden sie sich ändern. Das wird sie nicht kalt lassen.

Wir müssen anfangen, die Krise als Krise zu behandeln, weil wir eine Notlage nicht in den Griff bekommen können, wenn wir sie nicht als Notlage behandeln. Es gibt so unglaublich viele Dinge, die man auf politischer Ebene tun könnte, es ist schwer, das alles zu nennen, deshalb sage ich einfach, dass wir die Leute informieren und ein internationales Bewusstsein schaffen müssen. Denn wenn sich genügend Menschen für Veränderungen einsetzen, dann werden diese auch passieren.

Und ich würde dafür sorgen, dass die Menschen nicht gierig sind. Und dass sie erkennen, dass der Klimawandel gerade wirklich passiert, und zwar unseretwegen. Nicht wegen uns allen, aber zumindest kann jede und jeder Einzelne etwas dagegen tun.

Was glaubst du, wovon könnte die Welt ein bisschen mehr gebrauchen?

Die Welt braucht mehr Menschen, die sich kümmern und die etwas bewirken wollen. Derzeit sagen die Leute: »Oh, das Problem ist so weit weg.« Oder: »Ich kann doch sowieso nichts tun.« Oder: »Wenn es etwas gibt, das ich tun könnte, dann ist es dafür sowieso schon zu spät.« Das ist eine der häufigsten Ausreden, die ich höre: »Oh, ich würde mich gern engagieren, aber es ist schon zu spät. Das hätte ich vor fünf Jahren machen sollen.«

Aber es ist nie zu spät, sein Bestes zu geben. Die Leute verstehen nicht, dass es – auf das große Ganze bezogen – unglaublich wenig Menschen sind, die wirklich für das Klima kämpfen und denen wirklich bewusst ist, was derzeit geschieht. Wer jetzt anfängt, gehört tatsächlich zu den ersten.

Wie bewältigst du Herausforderungen?

Dass ich nicht zur Schule ging, war anfangs definitiv ein Problem. Wegen meiner Eltern und meiner Lehrer:innen, die mir dauernd sagten: »Du musst in die Schule.« Aber für mich wurde das Streiken einfach zur festen Gewohnheit.

Hat irgendjemand gesagt: »Für wen hältst du dich eigentlich?«

Ja, andauernd. Andauernd.

Und du hast einfach gesagt: »Ich mache das, Punkt«?

Ja, weil ich sehr stur bin. Wenn ich etwas wirklich machen möchte, verschreibe ich mich dem voll und ganz. Wenn ich mich zu etwas entschlossen habe, dann ziehe ich das durch.

Glaubst du, dass du das hier noch sehr lange machen wirst?

Leider ja. Ich sage leider, weil nicht genug getan wird. Ich würde gerne damit aufhören, denn das würde ja bedeuten, dass alles in Ordnung wäre. Aber leider funktioniert es so nicht.

»Ich glaube, der absolute Tiefpunkt ist dann erreicht, wenn man zu deprimiert ist, um zu erkennen, dass man selbst wichtig ist.«

Hast du das Gefühl, dass das dein Leben in gewisser Weise vereinnahmt?

Oh ja.

Hast du eine bestimmte Hoffnung oder ein Ziel, das du anstrebst?

Ich habe einfach gesagt, dass ich so viel tue, wie ich kann, solange ich das kann. Natürlich sagen wir, dass wir die Schulstreiks machen, bis sich die Welt an das Pariser Klimaabkommen hält. Und wir beziehen uns dabei immer auf die Wissenschaft und Forschung. Dafür streiken wir.

Weißt du, in wie vielen Ländern es die Schulstreiks gibt?

Als ich das letzte Mal nachsah, waren es 165 Länder auf allen Kontinenten, auch in der Antarktis.

Hast du bestimmte Leitlinien oder eine Philosophie, die dir als Grundlage in deinem Leben und für deine Entscheidungen dienen?

Ich sage einfach, dass ich das mache, was meiner Meinung nach richtig ist. Wenn ich etwas sage, dann verschreibe ich mich dem voll und ganz. Ich mache keine Kompromisse. Wenn ich mir vornehme, etwas zu machen, dann rede ich mich nicht heraus und sage, ich kann das auch ein andermal tun. Ich mache es wirklich. Ich muss einfach denken, dass das, was ich tue, das Richtige ist, und ich meine, das reicht.

Hast du das Gefühl, dass du von deinen Altersgenoss:innen unterstützt wirst, zum Beispiel durch Kommentare in den sozialen Medien? Hilft das, dich zu motivieren, gibt es dir das Gefühl, dass du Teil einer kollektiven Bewegung bist?

Ja, weil ich denke, dass man sich nur dann machtlos fühlt, wenn man niemand anderen hat, der sich ebenfalls leidenschaftlich für die Sache einsetzt. Ich sehe heute, dass ich nicht die Einzige bin, die sich im Kampf gegen den Klimawandel engagiert.

»Was wir noch mehr brauchen als Hoffnung ist die Bereitschaft zu handeln. Wenn wir erst einmal anfangen zu handeln, ist die Hoffnung überall. Anstatt nach Hoffnung zu suchen, sollte man also aktiv werden. Dann, und nur dann, kommt auch die Hoffnung.«

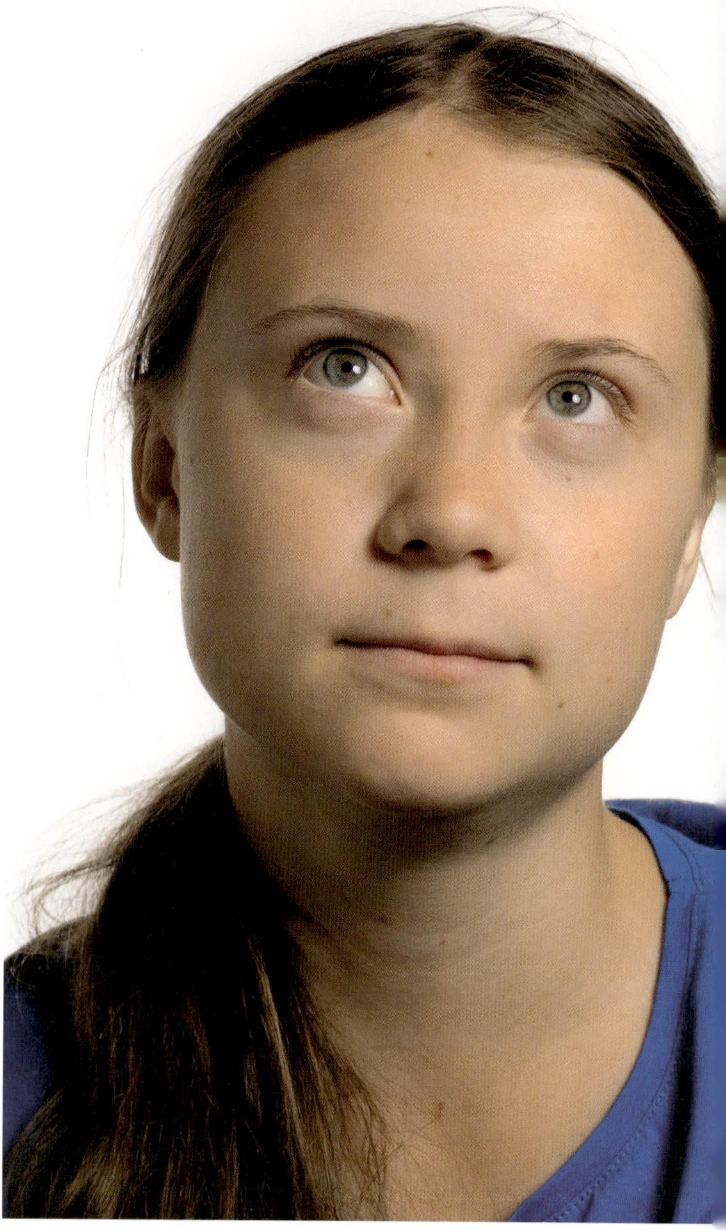

Bevor ich mit dem Schulstreik anfing, dachte ich, Jugendliche wären einfach faul, ich dachte, wir würden uns für nichts anderes interessieren als für uns selbst. Aber dann wurde mir das Gegenteil bewiesen.

Bekommst du auch Unterstützung von Älteren?

Ja, von vielen. Ich höre immer wieder: »Vielen Dank, wir unterstützen dich.« Und das zu hören, tut sehr gut, selbst wenn man es oft hört, es ist immer ein Trost. Das macht einen glücklich.

Gibt es eine bestimmte Maßnahme, die du von der Generation erwartest, die die Macht hätte, echte Veränderungen in Gang zu bringen? Siehst du da derzeit solche Aktionen?

In gewisser Weise. Die Schulstreiks, und wir planen ja auch allgemeine Streiks der Erwachsenen, damit nicht alles an den Kindern hängt. Denn so sollte es ja nicht sein. Es sollte nicht sein, dass Kinder die Verantwortung übernehmen. Deshalb bitten wir jetzt auch die älteren Generationen um Hilfe.

Gibt es eine bestimmte Person oder bestimmte Personen, die dich mit ihrem Vorbild oder ihrer Weisheit besonders inspiriert haben?

Ja natürlich, die ganze Zeit. Ich bin inspiriert von Menschen, die wirklich etwas bewirken und die sich einer Sache voll und ganz verschrieben haben. Führungspersönlichkeiten, die mich darin bestärken, das alles überhaupt zu machen.

Ich denke, die Personen, die mich derzeit am meisten inspirieren, sind diejenigen, die sich an den Schulstreiks beteiligen oder an den Arbeitsstreiks, an Orten und in Ländern, wo man gar nicht protestieren darf, wo so etwas nicht erlaubt ist. Und die Menschen machen es trotzdem. Das ist so bewegend und inspirierend.

Was bedeutet für dich Führungsstärke?

Führungsstärke bedeutet, dass man es wagt, Entscheidungen für das Wohl der Allgemeinheit zu treffen, und dass man nicht nur an sich selbst denkt, sondern an alle; dass man sieht, was am besten für alle ist, und dass man sich traut, unbequem zu sein und wenn nötig auch unbequeme

Dinge sagt. Und dass man nicht nur sich selbst sieht.

Was macht dich glücklich?

Meine Hunde machen mich glücklich! Und wenn sich etwas tut – wenn sich eine Veränderung abzeichnet oder vollzieht. Wenn ich zum Beispiel Kinder beim Schulstreik sehe, das macht mich glücklich. Wenn ich durchs Internet surfe und einfach sehe, wie Millionen Kinder und Jugendliche fürs Klima streiken – das macht mich auch glücklich.

Was ist für dich der absolute Tiefpunkt, wann fühlst du dich richtig elend?

Wenn man zu deprimiert ist, um zu erkennen, dass man selbst wichtig ist.

Ging dir das schon so?

Ja.

»Ich bin inspiriert von Menschen,
die wirklich etwas bewirken
und die sich einer Sache voll
und ganz verschrieben haben.
Führungspersönlichkeiten, die
mich darin bestärken, das alles
überhaupt zu machen.«

Wie hast du die Stärke aufgebracht, da wieder herauszukommen?

Das hat sich Schritt für Schritt entwickelt. Einen Großteil schaffte ich dank der Klima- und ökologischen Krise; ich dachte, dass ich etwas tun muss und nicht einfach nur herumsitzen kann. Die ganze Sache war zwar zunächst der Grund für meine Depression, hat mir aber auch wieder herausgeholfen und mich angetrieben.

Hast du Unterstützung? Sind deine Eltern vom Typ her auch Aktivist:innen?

Bevor ich anfing, mich mit der Klimakrise auseinanderzusetzen, waren sie wie alle anderen auch. Sie flogen viel, hatten einen enormen CO2-Fußabdruck und führten ein Leben mit einem hohen CO2-Verbrauch. Ich denke, sie waren so weit von einem Leben als Aktivist:innen entfernt, wie man es sich nur vorstellen kann. Aber dann fing ich an, mit ihnen darüber zu sprechen und sprach von fast nichts anderem mehr. Ich machte einfach immer weiter, zeigte ihnen Grafiken, Bilder und Berichte, aber sie reagierten zunächst verhalten:

»Ja, schon, aber das wird schon alles wieder.« Und ich sagte: »Nein, wie könnt ihr das behaupten?« Mit der Zeit verstanden sie, was ich ihnen sagte, aber es brauchte ein paar Jahre, bis sie es wirklich kapierten. Ich denke, heute verstehen sie es. Sie sagen manchmal immer noch »Ja schon, aber ...« Doch sie entwickeln sich in die richtige Richtung. Ich versuche, sie zu überzeugen.

Was erhoffst du dir für deine Generation?

Ich hoffe, dass meine Generation sehr aktiv sein wird und auch richtig penetrant. Dass wir den älteren Generationen so sehr auf den Wecker gehen, dass sie handeln müssen. Ich weiß, dass ich nie damit aufhören werde, und ich hoffe einfach, dass andere auch so empfinden, damit wir gemeinsam die älteren Generationen überzeugen können und an einem Strang ziehen.

»Erwachsene sagen immer: ›Wir sind verpflichtet, den jungen Menschen Hoffnung zu schenken.‹ Aber ich will eure Hoffnung nicht. Ich will nicht, dass ihr hoffnungsvoll seid. Ich will, dass ihr in Panik geratet. Ich will, dass ihr die Angst empfindet, die ich jeden Tag empfinde, und dann will ich, dass ihr handelt. Ich will, dass ihr so handelt, wie ihr in einer Krise handeln würdet. Ich will, dass ihr handelt, als ob euer Haus in Flammen stehen würde. Denn das tut es.«

Epilog

Laut Weltklimarat bleiben uns nicht einmal mehr zwölf Jahre, bevor es zu spät ist und wir unsere Fehler nicht mehr rückgängig machen können. In diesem Zeitraum müssen Veränderungen in allen Bereichen der Gesellschaft stattfinden, darunter auch eine Senkung unseres CO_2-Ausstoßes um mindestens 50 Prozent.

An Orten wie Davos werden gern Erfolgsgeschichten erzählt. Doch der finanzielle Erfolg hat einen unvorstellbaren Preis. Und beim Klimawandel müssen wir uns eingestehen, dass wir gescheitert sind. Alle politischen Bewegungen in ihrer derzeitigen Form sind gescheitert, und auch die Medien sind gescheitert, weil sie es nicht geschafft haben, ein breites öffentliches Bewusstsein für die Klimakrise zu schaffen.

Der Homo sapiens aber ist noch nicht gescheitert.

Ja, wir scheitern im Moment, aber uns bleibt immer noch Zeit, das Ruder herumzureißen. Wir können es immer noch schaffen. Wir haben es immer noch selbst in der Hand. Aber wenn wir nicht anerkennen, dass unsere aktuellen Systeme komplett versagt haben, haben wir wahrscheinlich keine Chance mehr.

Wir stehen vor einer Katastrophe, die unzähligen Menschen unvorstellbares Leid bringen wird. Jetzt ist nicht der richtige Zeitpunkt für höfliche Worte oder Überlegungen, was man sagen darf und was nicht. Jetzt ist es Zeit, Klartext zu reden.

Die Bewältigung der Klimakrise ist die größte und komplizierteste Herausforderung, der sich der Homo sapiens je stellen musste. Die grundlegende Lösung ist jedoch so einfach, dass selbst ein kleines Kind sie versteht. Wir müssen den Ausstoß der Treibhausgase einstellen.

Entweder tun wir das, oder wir tun es nicht.

Sie sagen, nichts im Leben ist einfach nur schwarz oder weiß. Aber das ist eine Lüge. Eine sehr gefährliche Lüge. Entweder verhindern wir eine Erwärmung um 1,5 Grad oder nicht. Entweder vermeiden wir eine unumkehrbare Kettenreaktion, die wir nicht mehr kontrollieren können, oder wir vermeiden sie nicht.

Entweder entscheiden wir uns dafür, als Zivilisation weiter zu bestehen oder nicht. Mehr Schwarz-Weiß geht nicht. Wenn es ums Überleben geht, gibt es keine Grauzonen.

Wir alle haben die Wahl. Wir können Maßnahmen ergreifen und einen Wandel herbeiführen, der das Überleben künftiger Generation sichert.

Oder wir können weitermachen wie bisher und scheitern.

Es liegt an Ihnen und an mir.

Manche sagen, wir sollten uns nicht als Aktivist:innen betätigen. Wir sollten stattdessen alles der Politik überlassen und bei Wahlen für einen Wandel stimmen. Aber was sollen wir tun, wenn es keinen entsprechenden politischen Willen gibt? Was sollen wir tun, wenn die Politik, die wir brauchen, nirgends in Sicht ist?

Und da die Klimakrise kein einziges Mal wie eine richtige Krise behandelt wurde, sind den Menschen die Konsequenzen für ihr alltägliches Leben gar nicht bewusst. Die Leute wissen nicht, dass es so etwas wie eine CO2-Bilanz gibt und wie unglaublich klein das verbleibende CO2-Budget ist. Das muss sich heute ändern.

Es gibt derzeit keine andere Herausforderung von vergleichbarer Tragweite. Wir müssen ein breites öffentliches Bewusstsein und Verständnis für unser rapide schrumpfendes CO2-Budget schaffen. Das CO2-Budget sollte und muss unsere neue globale Währung und der Dreh- und Angelpunkt unserer zukünftigen und gegenwärtigen Wirtschaft werden.

Wir befinden uns an einem Punkt in der Geschichte, an dem die Klimakrise unsere Zivilisation

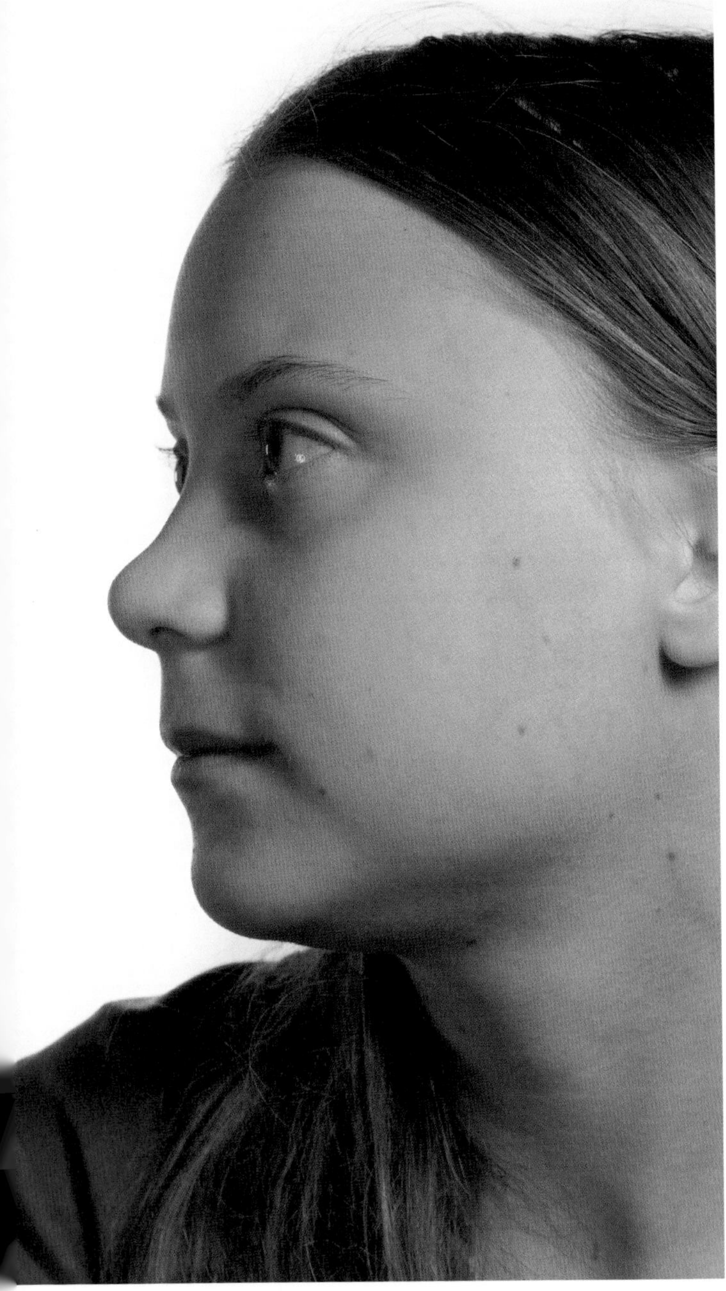

– und die gesamte Biosphäre – bedroht, daher müssen alle, die darüber Bescheid wissen, die Stimme erheben, egal wie unbequem oder unprofitabel das sein mag.

Wir müssen in unseren jetzigen Gesellschaften fast alles ändern. Je größer unser CO2-Abdruck, desto größer unsere moralische Verpflichtung. Je größer die Plattform, desto größer die moralische Verantwortung.

Erwachsene sagen immer: »Wir sind verpflichtet, den jungen Menschen Hoffnung zu schenken.« Aber ich will eure Hoffnung nicht. Ich will nicht, dass ihr hoffnungsvoll seid. Ich will, dass ihr in Panik geratet. Ich will, dass ihr die Angst empfindet, die ich jeden Tag empfinde, und dann will ich, dass ihr handelt. Ich will, dass ihr so handelt, wie ihr in einer Krise handeln würdet. Ich will, dass ihr handelt, als ob euer Haus in Flammen stehen würde. Denn das tut es.

Aus Thunbergs Rede beim Weltwirtschaftsforum in Davos, Januar 2019

»Manche Leute sagen, dass wir für unsere Zukunft kämpfen. Aber das stimmt nicht. Wir kämpfen nicht für unsere Zukunft; wir kämpfen für die Zukunft aller Menschen.«

Über Greta Thunberg

Greta Thunberg ist eine Klimaaktivistin aus Schweden, die sich seit ihren frühen Teenagerjahren für den Kampf gegen den Klimawandel engagiert. Mit acht bekam sie Depressionen, nachdem sie von der Erderwärmung gehört hatte, und ging eine Zeitlang nicht mehr zur Schule. Einige Jahre später wurden bei ihr das Asperger-Syndrom, selektiver Mutismus und eine Zwangsstörung diagnostiziert.

Im August 2018, nach dem heißesten Sommer, der in Schweden seit Beginn der Wetteraufzeichnungen gemessen wurde[18], beschloss Greta Thunberg – sie war 15 Jahre alt –, mit einem Schulstreik gegen die Untätigkeit der Politik in Sachen Klimawandel zu protestieren. Inspiriert wurde sie von Teenagern der Marjory Stoneman Douglas High School in Florida, die nach einem Amoklauf an ihrer Schule dem Unterricht ferngeblieben waren und so schärfere Waffengesetze von der US-Regierung eingefordert hatten. Thunberg setzte sich bei ihrem Protest vor den schwedischen Reichstag, um die Politik zu veranlassen, im Kampf gegen die Klimakrise aktiv zu werden und den nationalen CO2-Ausstoß gemäß den Empfehlungen des Pariser Klimaabkommens zu reduzieren.

Bis zur schwedischen Parlamentswahl im September 2018 streikte Thunberg jeden Tag. Nach den Wahlen setzte sie ihren Schulstreik jeden Freitag fort. Mit der Zeit dehnte sie ihre Aktionen weiter aus, nahm an Demonstrationen in ganz Europa teil und sprach in Klimaseminaren und auf Kundgebungen, so auf der TEDxStockholm, der UN-Klimakonferenz in Katowice und dem Weltwirtschaftsforum in Davos.

Thunbergs Initiative hat sich zu einer weltweiten Bewegung entwickelt. *Fridays for Future* hat Hunderttausende Schulkinder mobilisiert. Im September 2019 beteiligten sich über sieben Millionen Menschen in 128 Ländern an einem globalen Klimastreik.[19]

Um ihren CO2-Abdruck möglichst klein zu halten, lebt Thunberg vegan und verzichtet auf Flugreisen, normalerweise ist sie überwiegend mit dem Zug innerhalb von Europa unterwegs. 2019 segelte sie auf einer 60 Fuß langen Rennjacht von England in die USA, um am Klimagipfel der Vereinten Nationen in New York teilzunehmen. Die Überfahrt dauerte zwei Wochen. Zur UN-Klimakonferenz in Madrid reiste sie mit einem klimaneutralen Katamaran zurück nach Europa.

Thunberg hat zahlreiche Auszeichnungen erhalten, unter anderem wurde sie vom *Time Magazine* zu einer der Next Generation Leaders und einer der 100 Most Influential People 2019 gekürt, sie erhielt von Amnesty International die Auszeichnung Botschafterin des Gewissens, den norwegischen Fritt-Ord-Preis zur Unterstützung der Meinungsfreiheit und den Titel Frau des Jahres 2019 von der Swedish Women's Educational Association. Im selben Jahr wurde sie auch für den Friedensnobelpreis nominiert.

@gretathunberg

Über das Projekt

»Eine wahre Führungspersönlichkeit muss hart arbeiten, um Spannungen abzubauen, vor allem bei sensiblen und komplizierten Themen. Extremisten erhalten meist dann besonders viel Zuspruch, wenn es Spannungen gibt und Emotionen das rationale Denken überlagern.«

– Nelson Mandela

Im Gedenken an Nelson Mandela wurde die Reihe *I know this to be true* entwickelt, um festzuhalten, was heutigen inspirierenden Führungspersönlichkeiten wirklich am Herzen liegt.

I know this to be true ist ein Projekt der Nelson Mandela Foundation, das auf Originalinterviews mit sechzig außergewöhnlichen Führungspersönlichkeiten – dreißig Männern und dreißig Frauen – über einem Zeitraum von fünf Jahren[20] basiert, die andere mit ihren Ideen, Werten und ihrer Arbeit inspirieren und unterstützen.

Mit dem Erlös aus dem Verkauf der Bücher werden in Ländern mit einer sich entwickelnden Wirtschaft oder einer Ökonomie im Übergang (definiert anhand der jährlichen Einstufung der Vereinten Nationen) Übersetzungen und der freie Zugang zu Filmen, Büchern und Bildungsprogrammen unterstützt.

iknowthistobetrue.org

»Ein guter Kopf und ein gutes Herz sind immer eine hervorragende Kombination.«

– Nelson Mandela

Unser besonderer Dank gilt Greta Thunberg und all den großzügigen und inspirierenden Menschen, die wir hier Führungspersönlichkeiten nennen und die uns ihre Zeit geschenkt haben, um bei diesem Projekt mitzuwirken.

Für die Nelson Mandela Foundation:

Sello Hatang, Verne Harris, Noreen Wahome und Razia Saleh.

Für Blackwell & Ruth:

Geoff Blackwell, Ruth Hobday, Cameron Gibb, Nikki Addison, Olivia van Velthooven, Elizabeth Blackwell, Kate Raven und Tony Coombe.

Wir hoffen, dass wir gemeinsam Madibas außergewöhnliches Vermächtnis zum Wohl von Gemeinschaften weltweit mobilisieren können.

Anmerkung des Fotografen

Die Porträts in diesem Buch sind das Ergebnis einer Teamarbeit unter Führung von Blackwell & Ruths talentiertem Design-Direktor Cameron Gibb. Außerdem möchte ich mich für Mark Dexters Unterstützung vor Ort bedanken, der mir bei den Aufnahmen von Greta Thunberg zur Seite stand.

– Geoff Blackwell

Über Nelson Mandela

Nelson Mandela wurde am 18. Juli 1918 in Transkei in Südafrika geboren. Anfang der Vierzigerjahre engagierte er sich im Afrikanischen Nationalkongress und kämpfte viele Jahre lang gegen das Apartheidsystem der herrschenden Nationalen Partei, bevor er im August 1962 verhaftet und 1964 zu einer lebenslangen Freiheitsstrafe verurteilt wurde. In dieser Zeit wurde er zu einem weltweiten Symbol der Widerstandsbewegung gegen die Apartheid. Nach seiner Freilassung 1990 erhielt er 1993 mit dem Ende der Apartheid zusammen mit dem südafrikanischen Staatspräsidenten de Klerk den Friedensnobelpreis und wurde 1994 der erste demokratisch gewählte Präsident Südafrikas. Er starb am 5. Dezember 2013 im Alter von 95 Jahren.

NELSON MANDELA
FOUNDATION
Living the legacy

Über die Nelson Mandela Foundation

Die Nelson Mandela Foundation ist eine 1999 von Nelson Mandela gegründete gemeinnützige Stiftung, mit der er nach seiner Amtszeit als Präsident seine politische Arbeit fortführte. 2007 erfolgte der Umbau der Stiftung, deren Aufgaben Nelson Mandela im Engagement für soziale Gerechtigkeit sah.

Die Stiftung hat sich zum Ziel gesetzt, mit ihrer Arbeit zu einer gerechten Gesellschaft beizutragen, indem sie das Vermächtnis Nelson Mandelas in Erinnerung ruft, über sein Leben und seine Zeit informiert und den Dialog zu wesentlichen gesellschaftlichen Fragen fördert.

Die Foundation bemüht sich, die Entwicklung von Führungsstärke in alle Aspekte ihrer Arbeit einzubeziehen.

nelsonmandela.org

Anmerkungen und Quellen

1 David Crouch, »The Swedish 15-year-old who's cutting class to fight the climate crisis«, *The Guardian*, 1. September 2018, https://www. theguardian.com/science/2018/sep/01/swedish-15-year-old-cutting-class-to-fight-the-climate-crisis

2 Bengt Lindström, Meteorologe am SMHI (Sveriges meteorologiska och hydrologiska institut, Meteorologisches und Hydrologisches Institut) im schwedischen Fernsehen SVT (Sveriges Television AB), 22. Juli 2018, https://www.svt.se/nyheter/inrikes/smhi-varmaste-juli-pa-minst- 260-ar-1

3 Das am 12. Dezember 2015 verabschiedete Pariser Klimaabkommen basiert auf der Klimarahmenkonvention der Vereinten Nationen (United Nations Framework Convention on Climate Change, UNFCCC) und sieht die Begrenzung der menschengemachten globalen Erwärmung auf unter 2 Grad Celsius als zentrales Ziel einer globalen Reaktion auf die Bedrohung des Klimawandels vor. Darüber hinaus wird angestrebt, den Temperaturanstieg auf 1,5 Grad Celsius zu begrenzen.

4 Greta Thunberg, »Vi vet – och vi kan göra något nu«, Svenska Dagbladet, 31. Mai 2018, https://www.svd.se/vi-vet-och-vi-kan-gora-nagot-nu

5 David Crouch, »The Swedish 15-year-old who's cutting class to fight the climate crisis«, *The Guardian*, 1. September 2018, https://www. theguardian.com/science/2018/sep/01/swedish-15-year-old-cutting-class-to-fight-the-climate-crisis.

6 Der People's Climate March (Marsch für das Klima) war eine Kundgebung, die am 29. April 2017 auf der National Mall in Washington DC und in zahlreichen anderen Städten der USA stattfand, um gegen die Umweltpolitik der damaligen Regierung unter Donald Trump zu protestieren.

7 Greta Thunberg, »I will go on with the school strike«, Instagram, 8. September 2018, https://www.instagram.com/p/Bnd3AG_hQEa/

8 Der Intergovernmental Panel on Climate Change (IPCC), auch Weltklimarat genannt, ist eine zwischenstaatliche Einrichtung der Vereinten Nationen, die den Stand der Wissenschaft zum Klimawandel zusammenzufasst und bewertet.

9 Myles Allen, Mustafa Babiker, Yang Chen, Heleen De Coninck, Sarah Connors, Renee van Diemen, Opha Pauline Dube et al. (Hg.), *Global Warming of 1.5°C*, United Nations Intergovernmental Panel on Climate Change, 2018, https://www.ipcc.ch/sr15/, deutsche Kurzfassung: *1,5°C globale Erwärmung: Zusammenfassung für politische Entscheidungsträger*, https://www.ipcc.ch/site/assets/uploads/2020/07/SR1.5-SPM_de_barrierefrei.pdf

10 Das Jahrestreffen des Weltwirtschaftsforums (einer in der Schweiz ansässigen Stiftung und Lobbyorganisation) findet alljährlich im Januar oder Februar in Davos statt.

11 Der Klimagipfel der Vereinten Nationen wurde am 23. September 2019 in New York abgehalten. Die UN-Klimakonferenz, auch COP25 genannt (25th Conference of the Parties to the United Nations Framework Convention on Climate Change), vom 2. bis 15. Dezember 2019, sollte ursprünglich in Chile stattfinden, wurde jedoch nach Madrid verlegt.

12 »7.6 million people demand action after week of climate strikes«, 350.org, 28. September 2019, https://350.org/7-million-people-demand-action-after-week-of-climate-strikes/.

13 Stuart McGurk, »Greta Thunberg: ›To do your best is no longer good enough‹«, *GQ*, copyright © The Condé Nast Publications Ltd, 12. August 2019, https://www.gq-magazine.co.uk/men-of-the-year/article/greta-thunberg-interview

14 Siehe Intergovernmental Panel on Climate Change (IPCC), *Global Warming of 1.5°C*, Kapitel 2: Mitigation Pathways Compatible with 1.5°C in the Context of Sustainable Development, S. 101, https://www.ipcc.ch/sr15/chapter/spm/.

15 Ebenda, S. 108

16 Siehe *1,5°C globale Erwärmung: Zusammenfassung für politische Entscheidungsträger*, S.16, https://www.ipcc.ch/site/assets/uploads/2020/07/SR1.5-SPM_de_barrierefrei.pdf

17 Intergovernmental Panel on Climate Change (IPCC), *Global Warming of 1.5°C*, S. 106–107

18 Bengt Lindström, Meteorologe am SMHI (Sveriges meteorologiska och hydrologiska institut, Meteorologisches und Hydrologisches Institut) im schwedischen Fernsehen SVT (Sveriges Television AB), 22. Juli 2018, https://www.svt.se/nyheter/inrikes/smhi-varmaste-juli-pa-minst-260-ar-1

19 »7.6 million people demand action after week of climate strikes«, 350.org, 28. September 2019, https://350.org/7-million-people-demand-action-after-week-of-climate-strikes/.

20 Das Projekt wurde vor der Corona-Pandemie konzipiert und ist möglicherweise Änderungen unterworfen.

Genehmigungen

Der Verlag dankt für die Erlaubnis zur Wiedergabe urheberrechtlich geschützter Werke, die mit Genehmigung verwendet werden durften. Es wurden alle Anstrengungen unternommen, um die Inhaber:innen der Urheberrechte ausfindig zu machen, und der Verlag entschuldigt sich für unbeabsichtigte Auslassungen. Wir würden uns freuen, von den hier nicht genannten Urheber:innen zu hören, und werden uns bemühen, sie in späteren Ausgaben entsprechend zu berücksichtigen.

Seite 6, 22, 61: Rede an den Europäischen Wirtschafts- und Sozialausschuss bei Civil Society for rEUnaissance, 21. Februar 2019; Seite 13: Greta Thunberg, »I will go on with the school strike«, Instagram, 8. September 2018; Seite 16: Stuart McGurk, »Greta Thunberg: ›To do your best is no longer good enough‹«, in: GQ, copyright © The Condé Nast Publications Ltd, 12. August 2019, https://www.gq-magazine.co.uk/men-of-the-year/article/greta-thunberg-interview; Seite 17, 36, 45: »The disarming case to act right now on climate change«, Greta Thunberg, TED2018, der komplette TEDTalk findet sich bei TED.com; Seite 19–21, 24–27: Rede vor dem US-Kongress, September 2019, ursprünglich veröffentlicht in: The Independent; Seite 52, 55–57, 60: Rede beim Weltwirtschaftsforum in Davos, Januar 2019; Seite 67–68: Nelson Mandela by Himself: The Authorised Book of Quotations, hg. von Sello Hatang und Sahm Venter, Johannesburg: Pan Macmillan 2017, copyright © 2011 Nelson R. Mandela and the Nelson Mandela Foundation, mit freundlicher Genehmigung der Nelson Mandela Foundation, Johannesburg, Südafrika.

Erstmals in Deutschland im Elisabeth Sandmann Verlag 2022 erschienen.

© deutschsprachige Ausgabe
Elisabeth Sandmann Verlag GmbH, München
www.esverlag.de
978-3-949582-00-4
Übersetzung: Heike Schlatterer
Lektorat: Antonia Meiners
Satz: Anja Fuchs
Herstellung: Jan Russok
Druck und Bindung: ForPress, Nitra

© Originalausgabe
Produziert und erstellt von
Blackwell und Ruth Limited
Suite 405, Ironbank, 150 Karangahape Road
Auckland 1010, Neuseeland
www.blackwellandruth.com

Herausgeber: Geoff Blackwell
Chefredakteurin und Projektredakteurin: Ruth Hobday
Design-Direktor: Cameron Gibb
Produktionskoordinatorin: Jenny Moore
Redakteurin: Nikki Addison
Filmeditorin: Elizabeth Blackwell

Einleitung von Nikki Addison

Danksagungen für die Erlaubnis zum Nachdruck von bereits veröffentlichtem und unveröffentlichtem Material finden Sie auf Seite 87.